Impressum
Verlag: BABADADA GmbH, Nedderfeld 112 , 22529 Hamburg
Geschäftsführer / Verlagsleitung: Harald Hof
Druck: Books on Demand GmbH, In de Tarpen 42, 22848 Norderstedt

Imprint
Publisher: BABADADA GmbH, Nedderfeld 112 , 22529 Hamburg, Germany
Managing Director / Publishing direction: Harald Hof
Print: Books on Demand GmbH, In de Tarpen 42, 22848 Norderstedt

בית ספר
de School

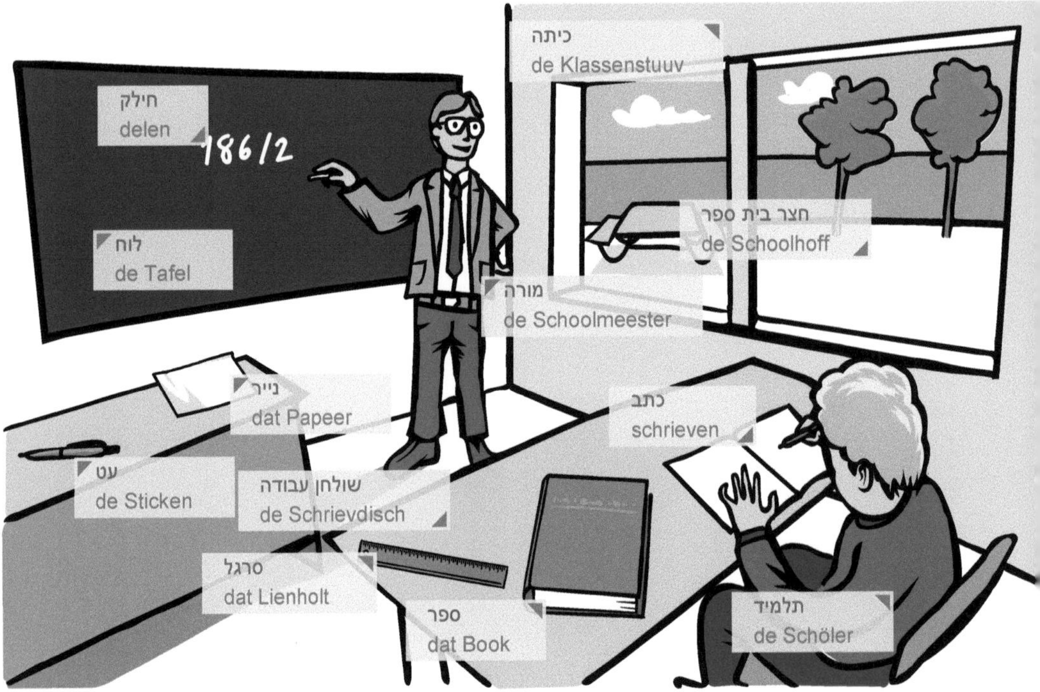

כיתה
de Klassenstuuv
חילק
delen
186/2
לוח
de Tafel
חצר בית ספר
de Schoolhoff
מורה
de Schoolmeester
נייר
dat Papeer
כתב
schrieven
עט
de Sticken
שולחן עבודה
de Schrievdisch
סרגל
dat Lienholt
ספר
dat Book
תלמיד
de Schöler

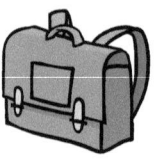

ילקוט
....
de Ranzel

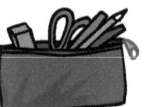

קלמר
....
de Feddermapp

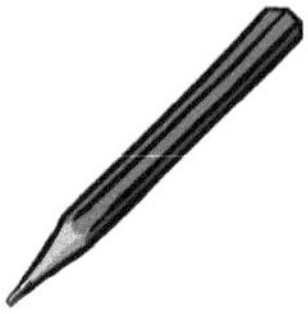

עיפרון
....
de Bleesticken

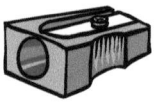

מחדד
....
de Scharpmaker

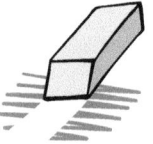

גומי מחיקה
....
dat Radeergummi

חוברת סרטוט
....
de Tekenblock

סרטוט

de Teken

מברשת

de Pinsel

קופסת צבעים

de Malkassen

מספריים

de Scheer

דבק

de Klever

ספר תרגול

dat Heft to'n Öven

שיעור בית

de Huusopgaav

12

מספר

de Tall

2+2

חיבר

tohooptellen

5-2

חיסר

aftrecken

2×2

הכפיל

malnehmen

חישב

reken

A

אות

de Bookstaav

ABCDEFG
HIJKLMN
OPQRSTU
VWXYZ

אלפבית

dat ABC

hello

מילה

dat Woort

טקסט

de Text

קרא

lesen

גיר

de Kried

שיעור

de Stunn

יומן נוכחות

dat Klassenbook

מבחן

de Pröven

תעודה

dat Tüügnis

תלבושת בית ספר

de Schooluniform

חינוך

de Utbillen

אנציקלופדיה

dat Nakieksel

אוניברסיטה

de Universität

מיקרוסקופ

dat Mikroskop

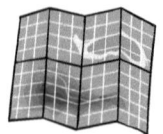

מפה

de Koort

סל נייר

de Papeerkorf

נסיעה
de Törn

Grand
מלון
dat Hotel
הוסטל
de Harbarg
ROOMS
CHANGE
המרת מטבע
de Wesselstuuv
מזוודה
de Kuffer
אוטו
dat Auto

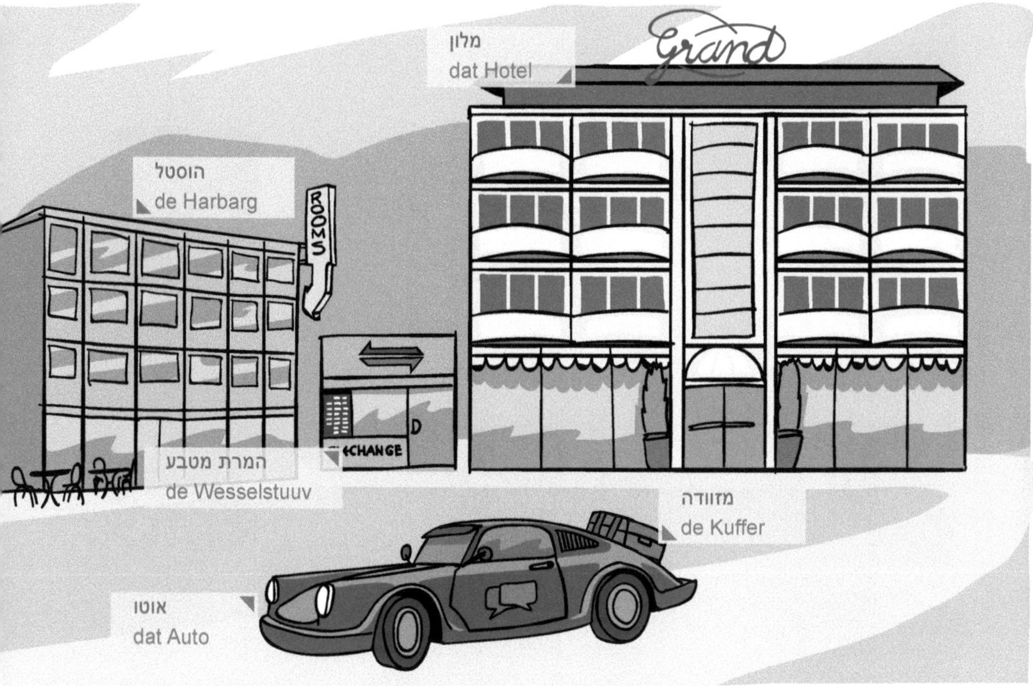

שפה

de Spraak

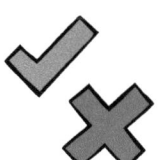

כן / לא

jo / ne

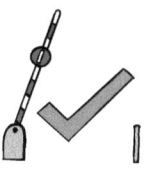

בסדר

Jo

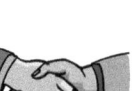

שלום

Moin

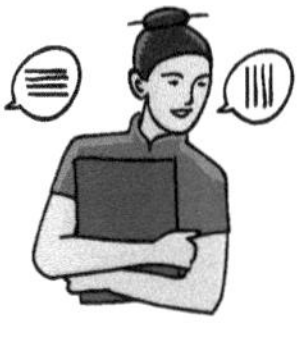

מתרגם

de Översetter

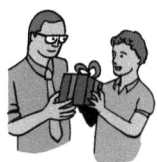

תודה

Dank ok

?כמה עולה.....

Wat kost…?

אני לא מבין

Ik verstah nich

בעיה

dat Problem

!ערב טוב

Goden Avend

!בוקר טוב

Moin!

!לילה טוב

Gode Nacht!

להתראות

Tschüüs

כיוון

de Richt

כבודה

de Bagaasch

תיק

de Tasch

תרמיל גב

de Rüchsack

אורח

de Gast

חדר

de Stuuv

שק שינה

de Slaapsack

אוהל

dat Telt

מרכז מידע לתיירים

de Touristeninformatschoon

חוף ים

de Strand

כרטיס אשראי

de Kreditkoort

ארוחת בוקר

dat Fröhstück

ארוחת צהריים

dat Meddageten

ארוחת ערב

dat Avendeten

כרטיס

de Fohrkort

מעלית

de Fohrstohl

בול

de Breefmark

גבול

de Grenz

מכס

de Toll

שגרירות

de Bottschop

אשרה

dat Visum

דרכון

de Pass

תחבורה
de Transport

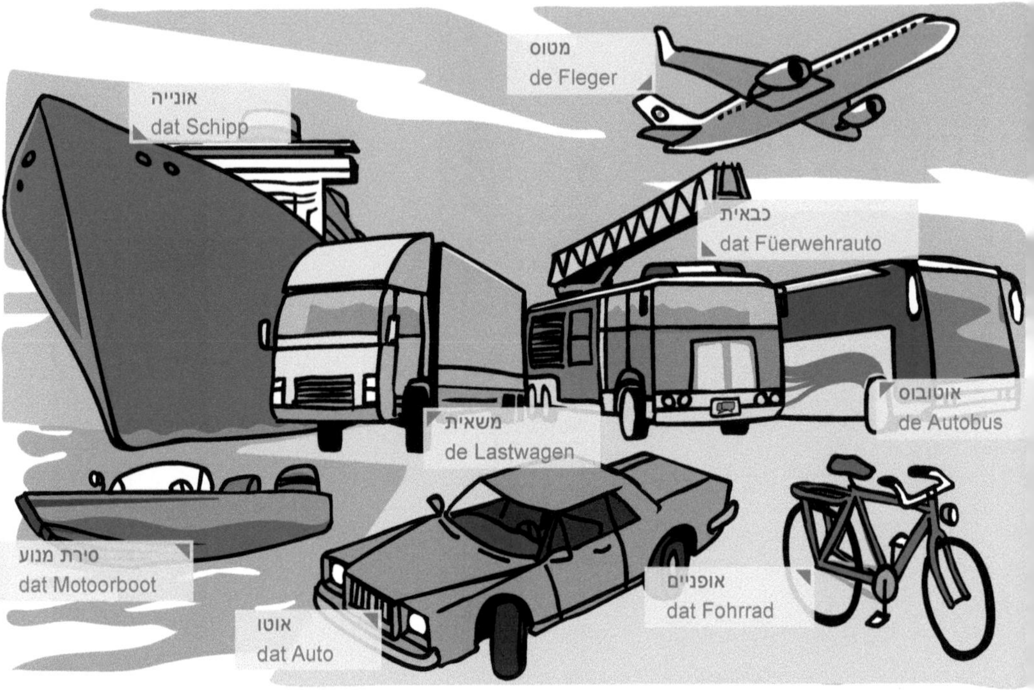

מטוס
de Fleger
אונייה
dat Schipp
כבאית
dat Füerwehrauto
אוטובוס
de Autobus
משאית
de Lastwagen
סירת מנוע
dat Motoorboot
אופניים
dat Fohrrad
אוטו
dat Auto

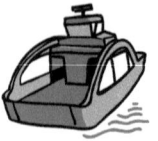

מעבורת
....
de Fähr

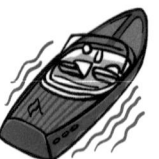

סירה
....
dat Boot

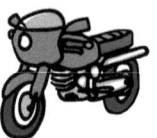

אופנוע
....
dat Motoorrad

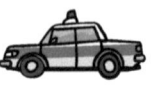

ניידת משטרה
....
dat Polizeiauto

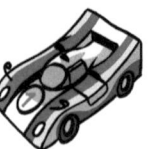

מכונית מרוץ
....
dat Rönnauto

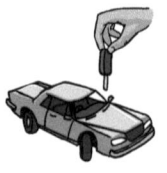

רכב שכור
....
de Lehnwagen

מכוניות בשיתוף

dat Carsharing

אוטו גרר

de Afsleepwagen

משאית זבל

dat Müllauto

מנוע

de Motoor

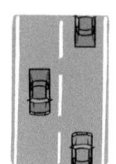

דלק

de Kraftstoff

תחנת דלק

de Tanksteed

תמרור

dat Verkehrsschild

תנועה

de Verkehr

פקק תנועה

de Stau

חניה

de Afstellplatz

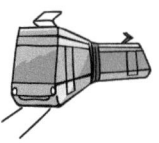

תחנת רכבת

de Bahnhoff

פסי רכבת

de Sporen

רכבת

de Tog

רכבת קלה

de Stratenbahn

קרון

de Wagon

מסוק

de Dwarsmöhl

שדה-תעופה

de Flooghaven

מגדל

de Tower

נוסע

de Fohrgast

קונטיינר

de Grootkist

קרטון

de Karton

עגלה

de Koor

סל

de Korf

המראה / נחיתה

starten / lannen

עיר

de Stadt

כפר

dat Dörp

מרכז העיר

de Binnenstadt

בית

dat Huus

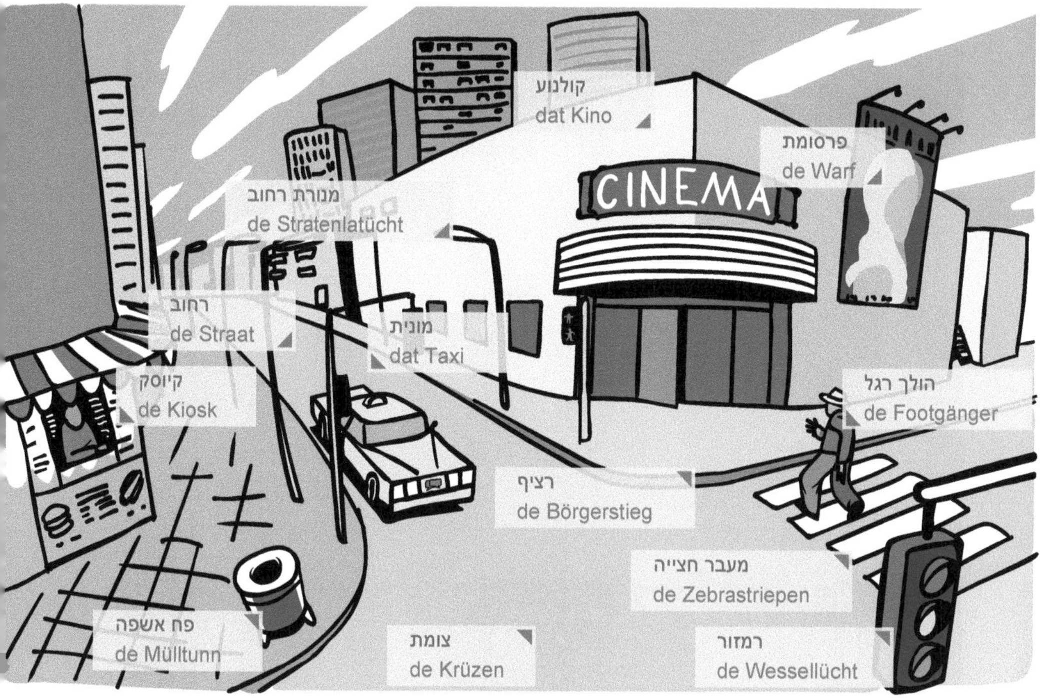

קולנוע
dat Kino

פרסומת
de Warf

מנורת רחוב
de Stratenlatücht

CINEMA

רחוב
de Straat

מונית
dat Taxi

קיוסק
de Kiosk

הולך רגל
de Footgänger

רציף
de Börgerstieg

מעבר חצייה
de Zebrastriepen

פח אשפה
de Mülltunn

צומת
de Krüzen

רמזור
de Wessellücht

בקתה
de Hütt

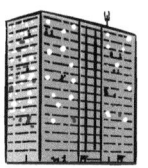

דירה
de Wahnung

תחנת רכבת
de Bahnhoff

עירייה
dat Raathuus

מוזיאון
dat Museum

בית ספר
de School

אוניברסיטה

de Universität

בנק

de Bank

בית חולים

dat Krankenhuus

מלון

dat Hotel

בית מרקחת

de Afteek

משרד

dat Büro

חנות ספרים

de Bookhökerie

חנות

de Hökerie

חנות פרחים

de Blomenhökerie

סופרמרקט

de Supermarkt

שוק

de Markt

כל-בו

dat Koophuus

מוכר דגים

de Fischhökerie

קניון

dat Inkoopszentrum

נמל

de Haven

פארק

de Parkanlaag

ספסל

de Bank

גשר

de Brüch

מדרגות

de Trepp

רכבת תחתית

de Ünnergrundbahn

מנהרה

de Tunnel

תחנת אוטובוס

de Busstoppsteed

בר

de Bar

מסעדה

dat Spieslokal

תא דואר

de Breefkassen

שלט רחוב

dat Stratenschild

מדחן

de Parkklock

גן חיות

de Deertenpark

בריכת שחיה

de Baadanstalt

מסגד

de Moschee

חווה

de Buernhoff

זיהום

de Ümweltversmudden

בית עלמין

de Karkhoff

כנסייה

de Kark

מגרש משחקים

de Speelplatz

בית מקדש

de Tempel

נוף
de Landschop

עלה
dat Blatt

תמרור
de Wiespahl

דרך
de Weg

מרעה
de Wisch

אבן
de Steen

עץ
de Boom

מטייל
de Wannerer

נהר
de Fluss

דשא
dat Gras

פרח
de Bloom

בקעה
dat Daal

הר
de Barg

אגם
de See

יער
dat Holt

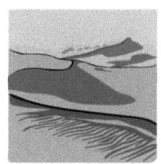

מדבר
de Wööst

הר געש
de Füerspien Barg

טירה
dat Slott

קשת בענן
de Regenbagen

פטריה
de Poggenstohl

דקל
de Palm

יתוש
de Steekmück

זבוב
de Fleeg

נמלה
de Miegeemk

דבורה
de Imm

עכביש
de Spinn

חיפושית

de Sebber

צפרדע

de Pogg

סנאי

de Katteker

קיפוד

de Swienegel

ארנב

de Haas

ינשוף

de Uul

ציפור

de Vagel

ברבור

de Swaan

חזיר בר

dat Wildswien

צבי

de Hirsch

אייל הקורא

de Elk

סכר

de Staudamm

טורבינת רוח

dat Windrad

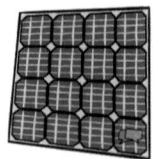

פנל סולארי

dat Solarmodul

אקלים

dat Klima

מסעדה
dat Spieslokal

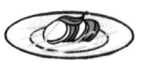

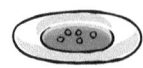

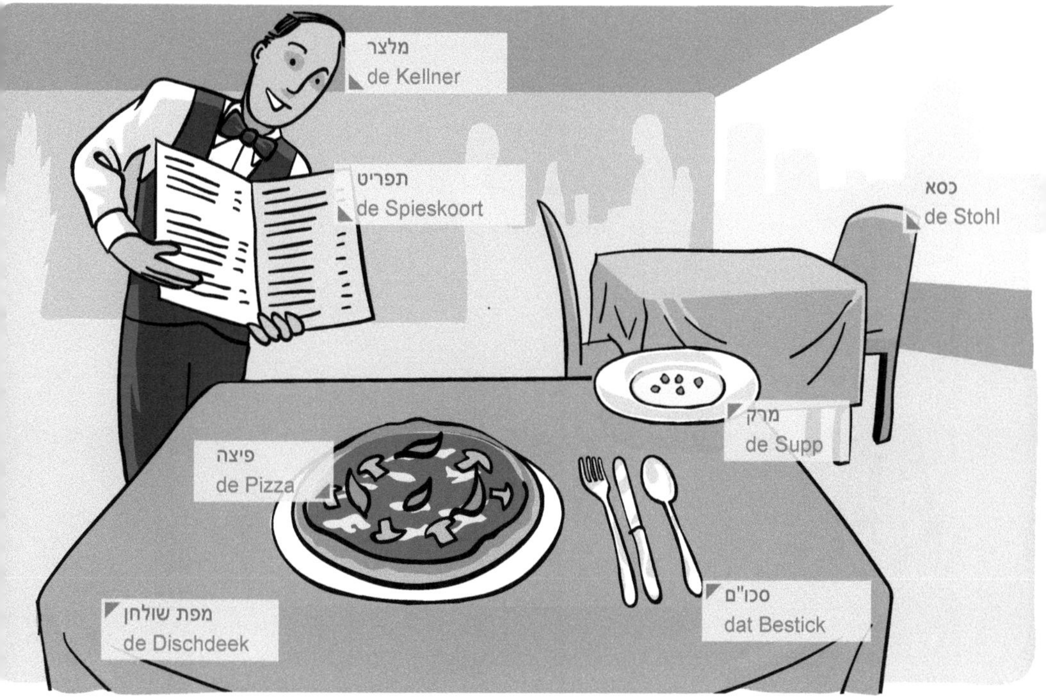

מלצר
de Kellner
תפריט
de Spieskoort
כסא
de Stohl
מרק
de Supp
פיצה
de Pizza
סכו"ם
dat Bestick
מפת שולחן
de Dischdeek

מנת פתיחה
de Vörspies

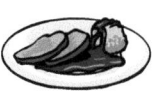

מנה עיקרית
dat Haupteten

קינוח
de Nadisch

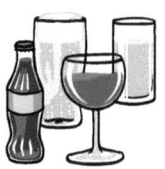

שתיות
de Drünk

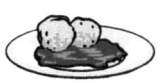

אוכל
dat Eten

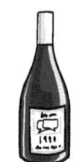

בקבוק
de Buddel

מזון מהיר

dat Fastfood

אוכל רחוב

dat Strateneten

קנקן תה

de Teekann

מסכרת

de Zuckerdoos

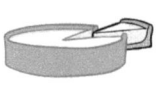

מנה

de Portschoon

מכונת אספרסו

de Espressomaschien

כסא תינוק

de Hoochstohl

חשבון

de Reken

מגש

dat Tablett

סכין

dat Mess

מזלג

de Gavel

כף

de Lepel

כפית

de Teelepel

מפית

dat Munddook

כוס

dat Glas

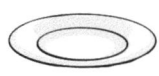

צלחת

de Töller

קערת מרק

de Suppentöller

תחתית

de Ünnertass

רוטב

de Sooß

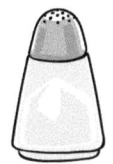

מלחייה

de Soltstreuer

מטחנת פלפל

de Pepermöhl

חומץ

de Etig

שמן

dat Ööl

תבלינים

de Krüder

קטשופ

de Ketchup

חרדל

de Mostrich

מיונז

de Mayonnaise

סופרמרקט
de Supermarkt

מבצע
dat Anbott
FOR
לקוח
de Kunn
מוצרי חלב
de Melkprodukten
פירות
dat Aaft
עגלת קניות
de Inkoopswagen

BUTCHERS

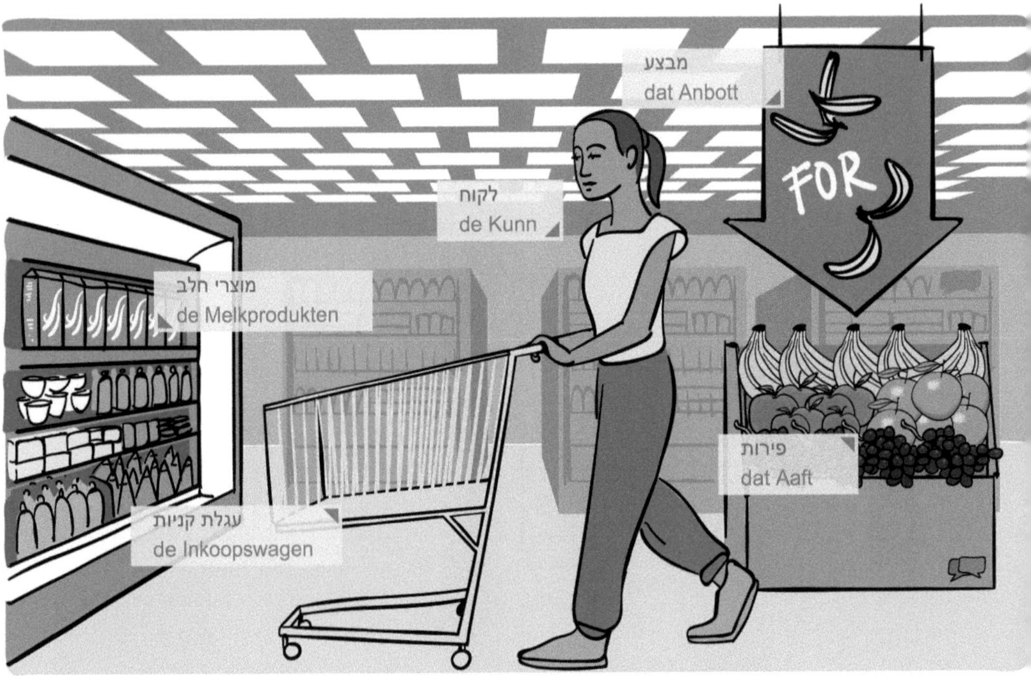

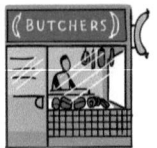

אטליז

de Slachterie

BAKERY

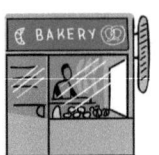

מאפייה

de Bäckerie

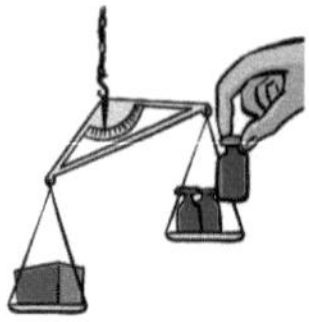

שקל

wegen

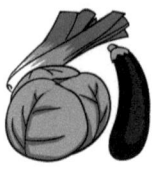

ירקות

de Gröönsaken

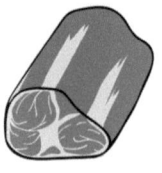

בשר

dat Fleesch

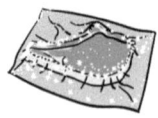

מזון קפוא

de Deepköhlkost

בשר קר

de Opsnitt

שימורים

de Konserven

אבקת כביסה

de Waschmiddel

ממתקים

de Snoopkraam

מוצרי בית

de Huushooltssaken

חומר ניקוי

de Reinmaaktüüch

מוכרת

de Verköpersche

קופה

de Kass

קופאי

de Kasserer

רשימת קניות

de Inkoopslist

שעות פתיחה

de Opsparrtieden

ארנק

de Breeftasch

כרטיס אשראי

de Kreditkoort

תיק

de Tasch

שקית נילון

de Plastiktüüt

מים
dat Water

מיץ
de Saft

חלב
de Melk

קולה
de Cola

יין
de Wien

בירה
dat Beer

אלכוהול
de Spriet

קקאו
de Kakao

תה
de Tee

קפה
de Koffie

אספרסו
de Espresso

קפוצ'ינו
de Cappucino

בננה

de Banaan

תפוח

de Appel

תפוז

de Appelsien

אבטיח

de Meloon

לימון

de Zitroon

גזר

de Wöttel

שום

de Knuuvlook

במבוק

de Bambus

בצל

de Zibbel

פטריות

de Poggenstohl

אגוזים

de Nööt

אטריות

de Nudeln

ספגטי
de Spaghetti

אורז
de Ries

סלט
de Salat

צ'יפס
de Pommes frites

צ'יפס
de Braadkantüffeln

פיצה
de Pizza

המבורגר
de Hamborger

כריך
dat Sandwich

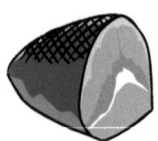

שניצל
dat Snitzel

שינקין
de Schinken

סלאמי
de Salami

נקניקיה
de Wust

עוף
dat Hohn

טיגון
de Braden

דג
de Fisch

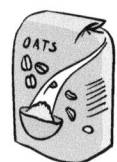

שיבולת שועל

de Haverflocken

מוזלי

dat Müsli

קורנפלקס

de Cornflakes

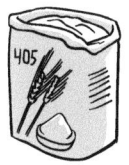

קמח

dat Mehl

קרואסון

de Croissant

לחמנייה

dat Rundstück

לחם

dat Broot

טוסט

dat Toast

עוגיות

de Keksen

חמאה

de Botter

גבינה לבנה

de Quark

עוגה

de Koken

ביצה

dat Ei

ביצת עין

dat Spegelei

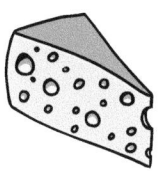

גבינה

de Kees

גלידה

de Ies

סוכר

de Zucker

דבש

de Honnig

ריבה

de Marmelaad

ממרח נוגט

de Nougat-Creme

קארי

dat Curry

חווה

de Buernhoff

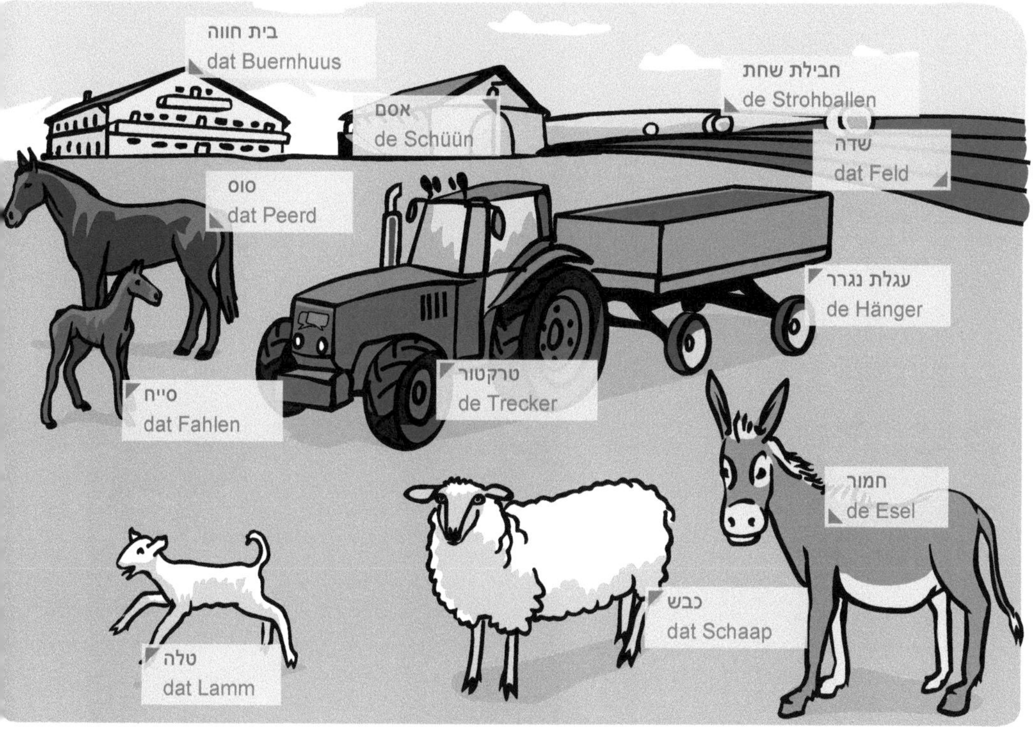

בית חווה
dat Buernhuus
אסם
de Schüün
חבילת שחת
de Strohballen
שדה
dat Feld
סוס
dat Peerd
עגלת נגרר
de Hänger
טרקטור
de Trecker
סייח
dat Fahlen
חמור
de Esel
כבש
dat Schaap
טלה
dat Lamm

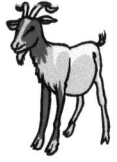

עז

de Zeeg

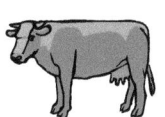

פרה

de Koh

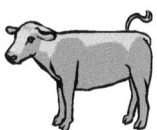

עגל

dat Kalf

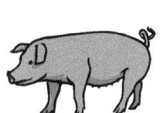

חזיר

dat Swien

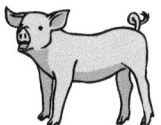

חזרזיר

dat Farken

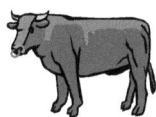

שור

de Bull

אווז

de Goos

ברווז

de Aant

אפרוח

dat Küken

תרנגולת

dat Hohn

תרנגול

de Hahn

חולדה

de Rott

חתול

de Katt

עכבר

de Muus

שור

de Oss

כלב

de Hund

מלונה

de Hunnenhütt

צינור השקיה

de Goornslauch

קנקן מים

de Geetkann

חרמש

de Lee

מחרשה

de Ploog

מגל

de Sich

מגרפה

de Hack

קלשון

de Mestfork

גרזן

de Ext

מריצה

de Schuufkoor

שוקת

de Trog

כד חלב

de Melkkann

שק

de Sack

גדר

de Tuun

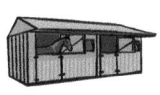

אורווה

de Stall

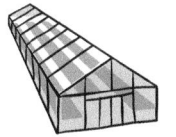

חממה

dat Drievhuus

אדמה

de Bodden

זרע

de Saat

דשן

de Dünger

מקצרה

de Meihdöscher

קצר

oornen

קציר

de Oorn

בטטה אפריקנית

de Yamswöttel

חיטה

de Weten

סויה

dat Soja

תפוח אדמה

de Kantüffel

תירס

de Törksche Weten

קנולה

de Rapp

עץ פירות

de Aaftboom

קסבה

de Troopsch Kantüffel

דגנים

dat Koorn

בית

dat Huus

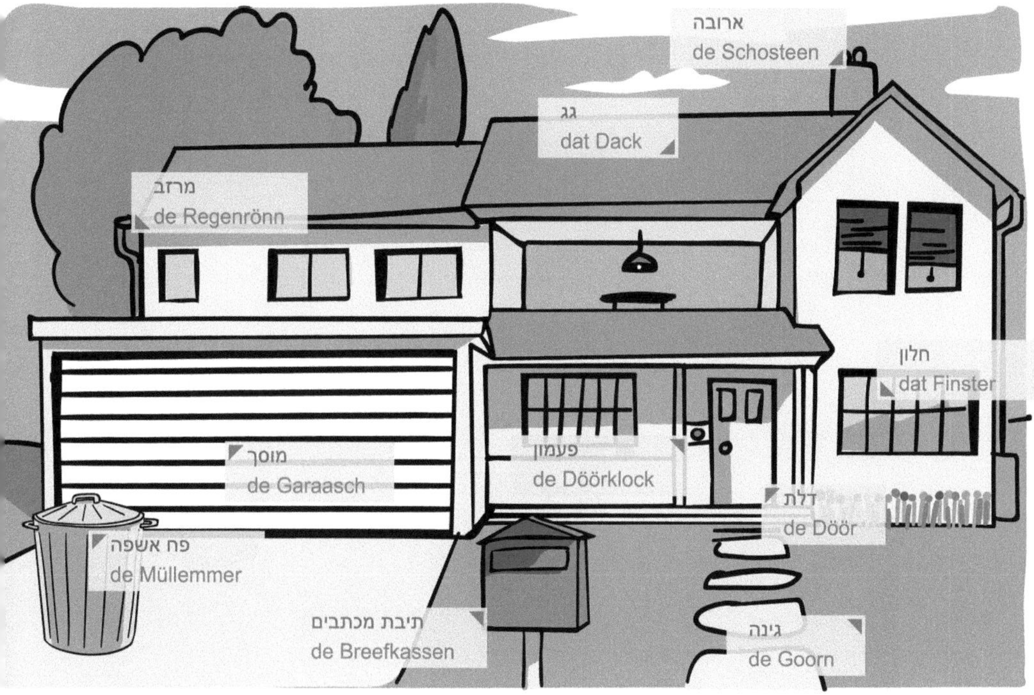
ארובה
de Schosteen
גג
dat Dack
מרזב
de Regenrönn
חלון
dat Finster
מוסך
de Garaasch
פעמון
de Döörklock
דלת
de Döör
פח אשפה
de Müllemmer
תיבת מכתבים
de Breefkassen
גינה
de Goorn

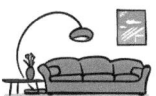

סלון

de Wahnstuuv

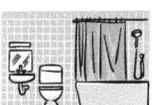

חדר אמבטיה

de Baadstuuv

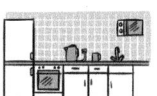

מטבח

de Köök

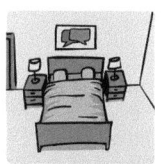

חדר שינה

de Slaapstuuv

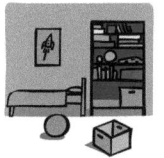

חדר ילדים

de Kinnerstuuv

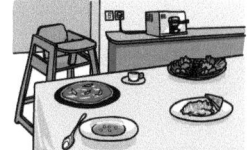

חדר אוכל

de Eetstuuv

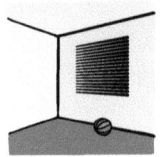

רצפה

de Footbodden

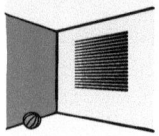

קיר

de Wand

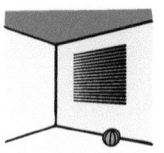

תקרה

de Deek

מרתף

de Keller

סאונה

dat Hittluftbad

מרפסת

de Balkon

מרפסת

de Terrass

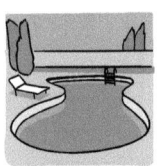

בריכה

dat Swümmbad

מכסחת דשא

de Rasenmeiher

סדין

de Bettbetog

כיסוי מיטה

de Bettdeek

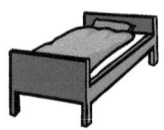

מיטה

de Puuch

מטאטא

de Bessen

דלי

de Emmer

מפסק

de Schalter

סלון
de Wahnstuuv

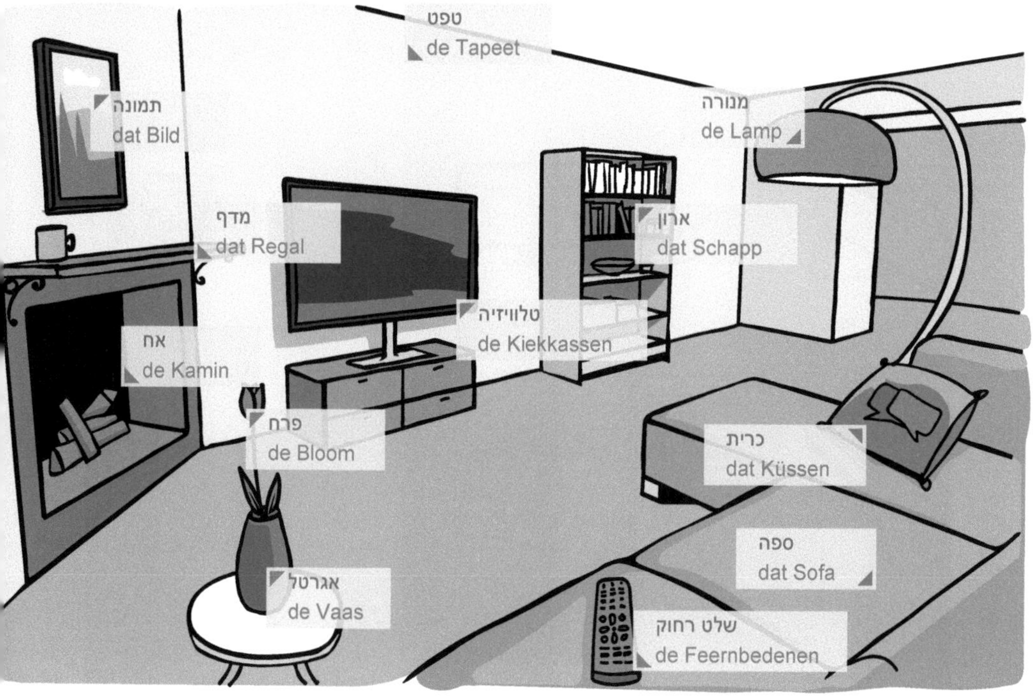
טפט
de Tapeet
תמונה
dat Bild
מנורה
de Lamp
מדף
dat Regal
ארון
dat Schapp
טלוויזיה
de Kiekkassen
אח
de Kamin
פרח
de Bloom
כרית
dat Küssen
ספה
dat Sofa
אגרטל
de Vaas
שלט רחוק
de Feernbedenen

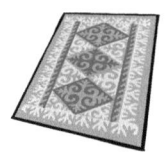

שטיח
de Teppich

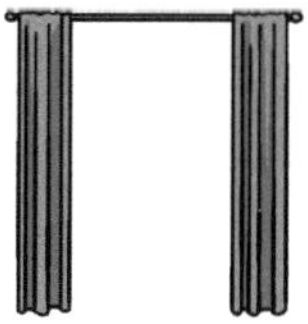

וילון
de Vörhang

שולחן
de Disch

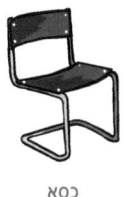

כסא
de Stohl

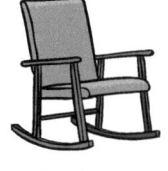

כיסא נדנדה
de Schuckelstohl

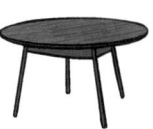

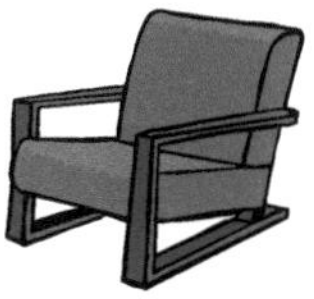

כורסה
de Sessel

ספר
dat Book

שמיכה
de Deek

דקורציה
de Dekoratschoon

עצי הסקה
dat Füerholt

סרט
de Film

מערכת סטריאו
de Stereoanlaag

מפתח
de Slötel

עיתון
dat Narichtenblatt

ציור
dat Gemälde

פוסטר
dat Poster

רדיו
dat Radio

מחברת
de Opschrievblock

שואב אבק
de Huulbessen

קקטוס
de Kaktus

נר
de Kars

מטבח
de Köök

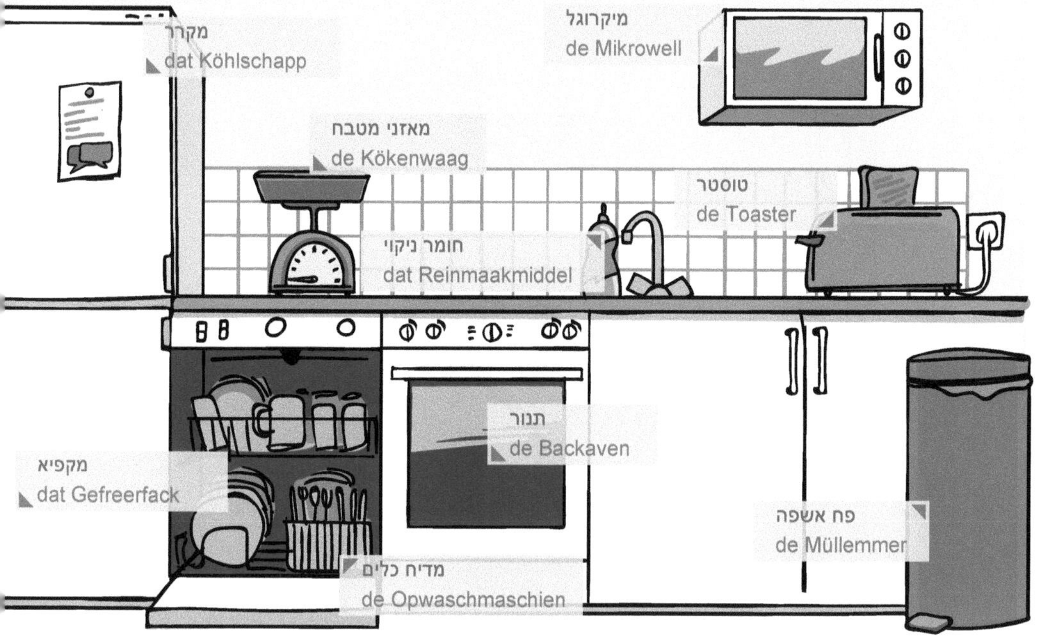
מקרר
dat Köhlschapp
מיקרוגל
de Mikrowell
מאזני מטבח
de Kökenwaag
טוסטר
de Toaster
חומר ניקוי
dat Reinmaakmiddel
תנור
de Backaven
מקפיא
dat Gefreerfack
פח אשפה
de Müllemmer
מדיח כלים
de Opwaschmaschien

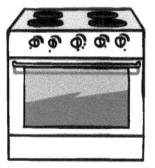

תנור

de Heerd

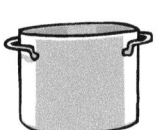

סיר

de Pott

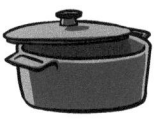

סיר ברזל

de Gussiesern Putt

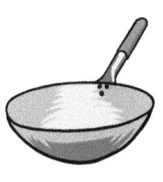

ווק

de Wok / Kadai

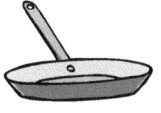

מחבת

de Pann

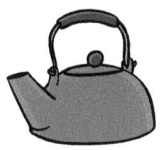

קומקום חשמלי

de Waterkaker

מאדה

de Dampkaakputt

מגש אפייה

dat Backblick

כלי אוכל

dat Geschirr

ספל

de Beker

קערה

de Schaal

צ'ופסטיקס

de Eetsticken

מצקת

de Suppenkell

מרית

de Pannenwenner

מטרפה

de Sneebessen

מסננת בישול

dat Kaakseef

מסננת

dat Seef

מגרדת

de Riev

מכתש

de Mörser

גריל

de Grill

מדורה

de Füerstell

קרש חיתוך

dat Sniedbrett

מערוך

dat Nudelholt

פותחן פקקים

de Proppentrecker

פחית

de Doos

פותחן קופסאות

de Dosenaapner

מטלית

de Pottlappen

כיור

dat Waschbecken

מברשת

de Böst

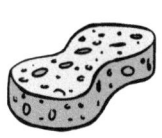

ספוג

de Swamm

בלנדר

de Mixer

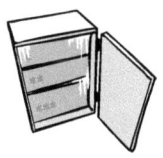

מקפיא

dat Iesschapp

בקבוק לתינוק

de Nuckelbuddel

ברז

de Waterhahn

חדר אמבטיה

de Baadstuuv

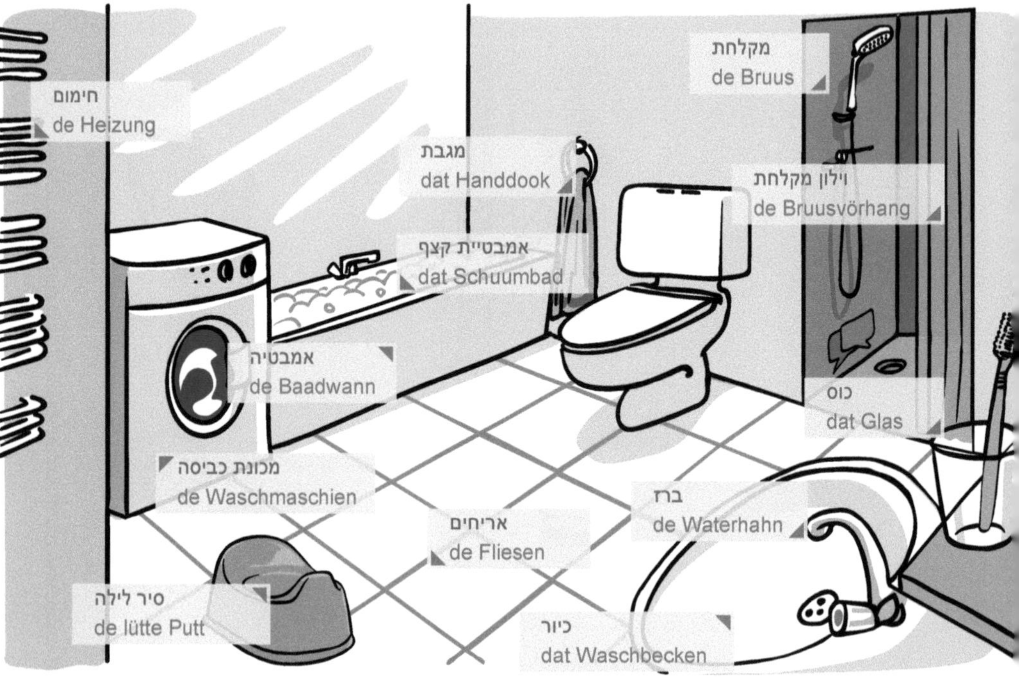

מקלחת
de Bruus

חימום
de Heizung

מגבת
dat Handdook

וילון מקלחת
de Bruusvörhang

אמבטיית קצף
dat Schuumbad

אמבטיה
de Baadwann

כוס
dat Glas

מכונת כביסה
de Waschmaschien

אריחים
de Fliesen

ברז
de Waterhahn

סיר לילה
de lütte Putt

כיור
dat Waschbecken

אסלה
de Tante Meier

אסלת כריעה
de Hockklo

בידה
dat Bidet

משתנה
dat Miegbecken

נייר טואלט
dat Klopapeer

מברשת אסלה
de Kloböst

מברשת שיניים

de Tähnböst

משחת שיניים

de Tähnpast

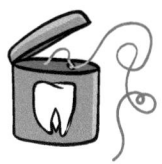

חוט דנטלי

de Tähnsied

שטף

waschen

מקלחת יד

de Handbruus

צינור שטיפה לשירותים

de Intimbruus

קערת רחצה

de Waschschöttel

מברשת גב

de Rüchböst

סבון

de Seep

ג'ל רחצה

dat Bruusgeel

שמפו

dat Hoorwaschmiddel

ליפה

de Waschlappen

ניקוז

de Afloop

קרם

de Creme

דיאודורנט

dat Deodorant

מראה
de Spegel

מראת יד
de Kosmetikspegel

סכין גילוח
de Raserer

קצף גילוח
de Raseerschuum

אפטרשייב
dat Raseerwater

מסרק
de Kamm

מברשת
de Böst

מייבש שיעור
de Hoordröger

ספריי לשיער
dat Hoorspray

איפור
de Smink

שפתון
de Lippensticken

לק
de Nagellack

צמר גפן
de Watt

מספריים לציפורניים
de Nagelscheer

בושם
dat Rüükwater

תיק כלי רחצה

de Kulturbüdel

שרפרף

de Schemel

משקל

de Waag

חלוק רחצה

de Baadmantel

כפפות גומי

de Gummihanschen

טמפון

de Tampon

תחבושת סניטרית

de Damenbinn

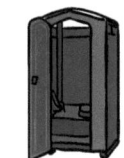

שירותים כימיקליים

dat Chemieklo

חדר ילדים

de Kinnerstuuv

שעון מעורר
de Wecker
צעצוע חיבוק
dat Knudeldeert
מכונית צעצוע
dat Speeltüüchauto
רעשן
de Klöter
בית בובות
dat Poppenhuus
מתנה
dat Geschenk

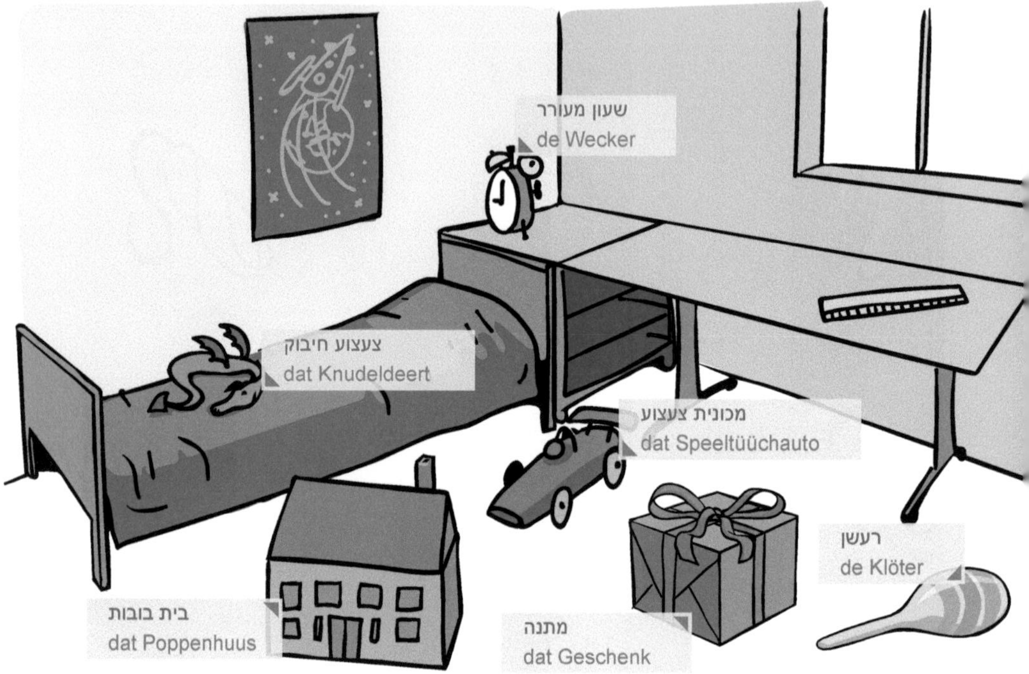

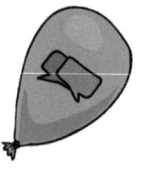

בלון

de Luftballon

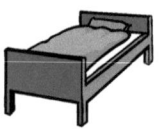

מיטה

de Puuch

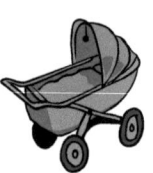

עגלה

de Kinnerwagen

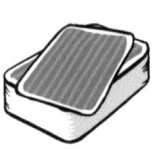

משחק קלפים

dat Koortenspeel

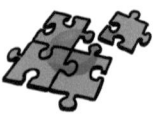

פאזל

dat Puzzle

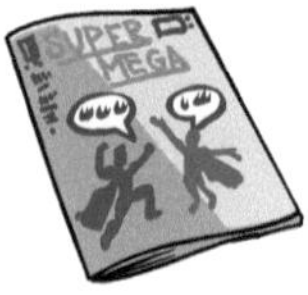

קומיקס

de Billergeschicht

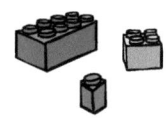

לגו

de Legostenen

קוביות משחק

de Bustenen

דמות משחק

de Action-Figur

סרבל תינוקות

de Strampelantog

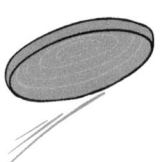

פריזבי

de Frisbeeschiev

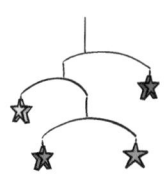

נייד

dat Mobile

משחק לוח

dat Brettspeel

קוביה

de Wörpel

רכבת צעצוע

de Modelliesenbahn

מוצץ

de Snuller

מסיבה

de Party

אלבום תמונות

dat Billerbook

כדור

de Ball

בובה

de Popp

שיחק

spelen

ארגז חול

de Sandkassen

נדנדה

de Schuckel

צעצועים

dat Speeltüüch

קונסולת משחקים

de Speelkonsool

אופניים תלת גלגלי

dat Dreerad

דובון

de Teddyboor

ארון בגדים

dat Klederschapp

בגדים

dat Tüüch

גרביים

de Socken

גרביונים

de Strümp

גרביון

de Strumpbüx

צעיף
dat Halsdook

מטריה
de Paraplü

חולצת טי
dat T-Shirt

חגורה
de Liefreem

נעלי ספורט
de Turnschoh

מגפיים
de Stevel

נעלי בית
de Puuschen

סנדלים
de Sandalen

נעליים
de Schoh

מגפי גומי
de Gummistevel

תחתונים
de Ünnerbüx

חזייה
de Bostholler

וסט
dat Ünnerhemd

גוף
de Lief

מכנסיים
de Büx

ג'ינס
de Jeansnüx

חצאית
de Rock

חולצה מכופתרת
de Bluus

חולצה
dat Hemd

אפודה
de Pullover

סווצ'ר עם קפוצ'ון
de Kapuzenpullover

בלייזר
de Blazer

ז'קט
de Jack

מעיל
de Mantel

מעיל גשם
de Övertrecker

תלבושת
dat Kostüm

שמלה
dat Kleed

שמלת כלה
dat Hochtietskleed

חליפה
de Antog

כותונת לילה
dat Nachtkleed

פיג'מה
de Slaapantog

סארי
de Sari

מטפחת ראש
dat Koppdook

טורבן
de Turban

בורקה
de Burka

קאפטן
de Kaftan

עבאיה
de Abaya

בגד ים
de Baadantog

בגד ים
de Baadbüx

מכנסיים קצרים
de Korte Büx

בגד אימון
de Antog to'n Öven

סינר
de Schört

כפפות
de Handschoh

כפתור

de Knopp

משקפיים

de Brill

צמיד יד

dat Armband

שרשרת

de Halskeed

טבעת

de Ring

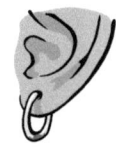

עגיל

de Ohrbummel

כובע

de Mütz

קולב

de Klederbögel

כובע

de Hoot

עניבה

de Binner

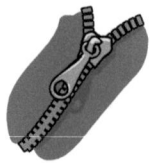

רוכסן

de Rietslüter

קסדה

de Helm

כתפיות

dat Drachtband

תלבושת בית ספר

de Schooluniform

מדים

de Uniform

מפית אוכל
de Severböten

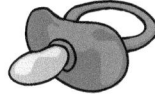

מוצץ
de Snuller

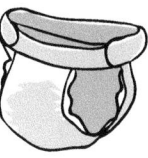

חיתול
de Winnel

משרד
dat Büro

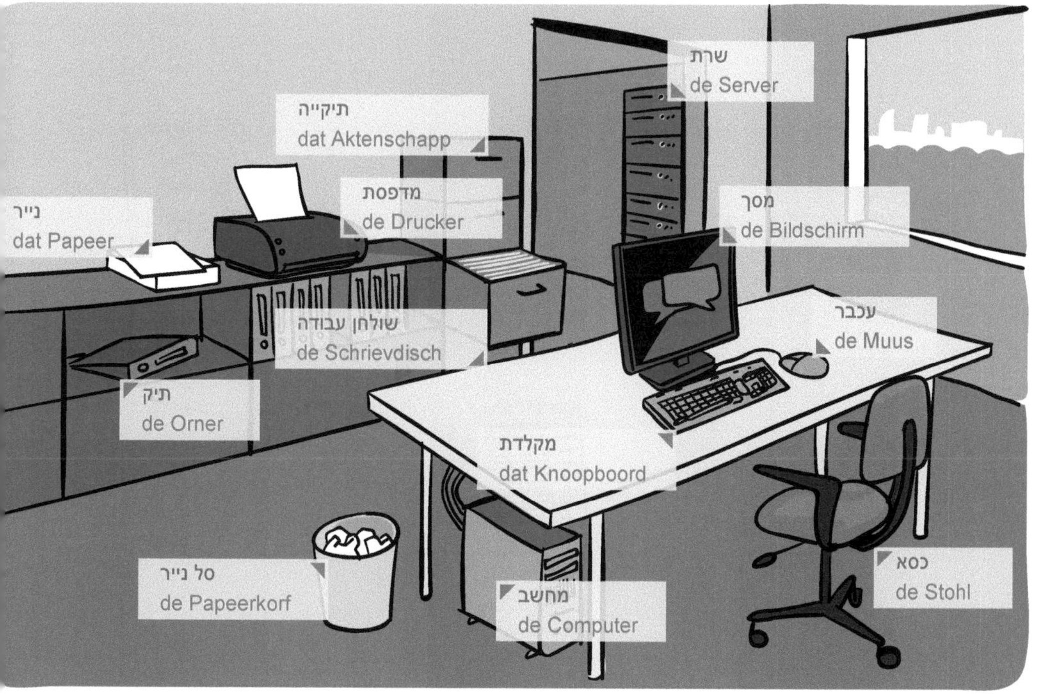

שרת
de Server

תיקייה
dat Aktenschapp

מדפסת
de Drucker

מסך
de Bildschirm

נייר
dat Papeer

שולחן עבודה
de Schrievdisch

עכבר
de Muus

תיק
de Orner

מקלדת
dat Knoopboord

סל נייר
de Papeerkorf

מחשב
de Computer

כסא
de Stohl

ספל קפה
de Koffiebeker

מחשבון
de Taschenreekner

אינטרנט
dat Internet

מחשב נייד

de Klappreekner

מכתב

de Breef

הודעה

de Naricht

נייד

de Ackersnacker

רשת

dat Nettwark

מכונת צילום

de Kopeerapparat

תוכנה

de Software

טלפון

de Klöönkassen

שקע

de Steekdoos

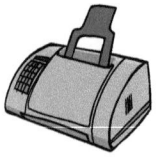

פקס

de Faxapparat

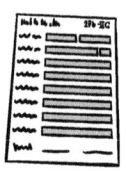

טופס

dat Formulor

מסמך

dat Dokument

קנה

köpen

שילם

betahlen

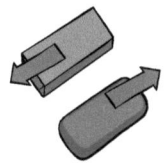

סחר

hanneln

כסף

dat Geld

דולר

de Dollar

יורו

de Euro

JPY

ין

de Yen

RUB

רובל

de Ruvel

CHF

פרנק שווייצרי

de Swiezer Franken

CNY

יואן רנמינבי

de Renminbi Yuan

INR

רופי

de Rupie

כספומט

de Geldautomat

המרת מטבע

de Wesselstuuv

זהב

dat Gold

כסף

dat Sülver

נפט

dat Ööl

אנרגיה

de Energie

מחיר

de Pries

חוזה

de Verdrag

מס

de Stüer

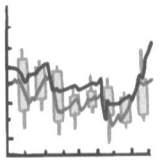

מנייה

de Andeelschien

עבד

arbeiden

עובד

de Anstellte

מעסיק

de Arbeitgever

מפעל

de Fabrik

חנות

de Hökerie

מקצועות

de Profeschonen

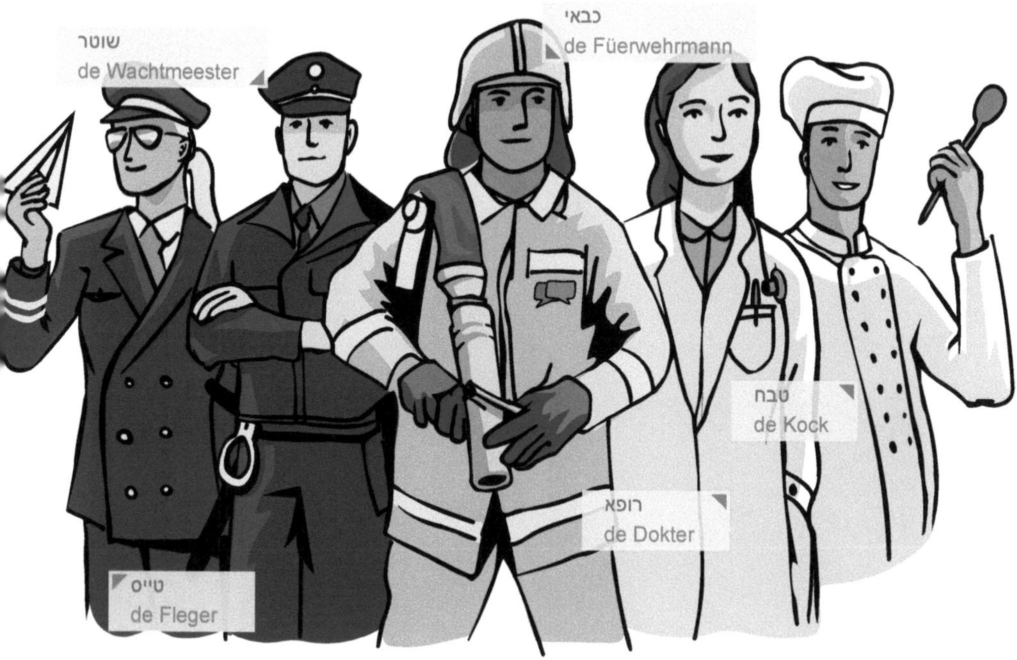

שוטר
de Wachtmeester
כבאי
de Füerwehrmann
טבח
de Kock
רופא
de Dokter
טייס
de Fleger

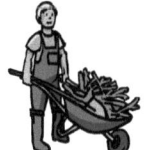

גנן

de Goorner

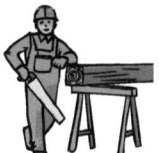

נגר

de Discher

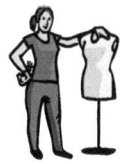

תופרת

de Neihersche

שופט

de Richter

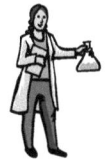

כימאי

de Chemiker

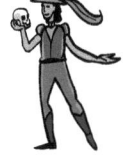

שחקן

de Schauspeler

נהג אוטובוס

de Busfohrer

נהג מונית

de Taxifohrer

דייג

de Fischer

עובדת נקיון

de Reinmaakfru

מתקן גגות

de Dackdecker

מלצר

de Kellner

צייד

de Jäger

צייר

de Maler

אופה

de Bäcker

חשמלאי

de Elektriker

עובד בניין

de Buarbeider

מהנדס

de Ingenieur

קצב

de Slachter

אינסטלטור

de Klempner

דוור

de Postbüdel

חייל

de Suldat

אדריכל

de Architekt

קופאי

de Kasserer

מוכר פרחים

de Florist

ספר

de Putzbüdel

כרטיסן

de Schaffner

מכונאי

de Mechaniker

קברניט

de Kaptein

רופא שיניים

de Tähndokter

מדען

de Wetenschopler

רב

de Rabbi

אימאם

de Imam

נזיר

de Mönk

כומר

de Paap

כלי עבודה

dat Warktüüch

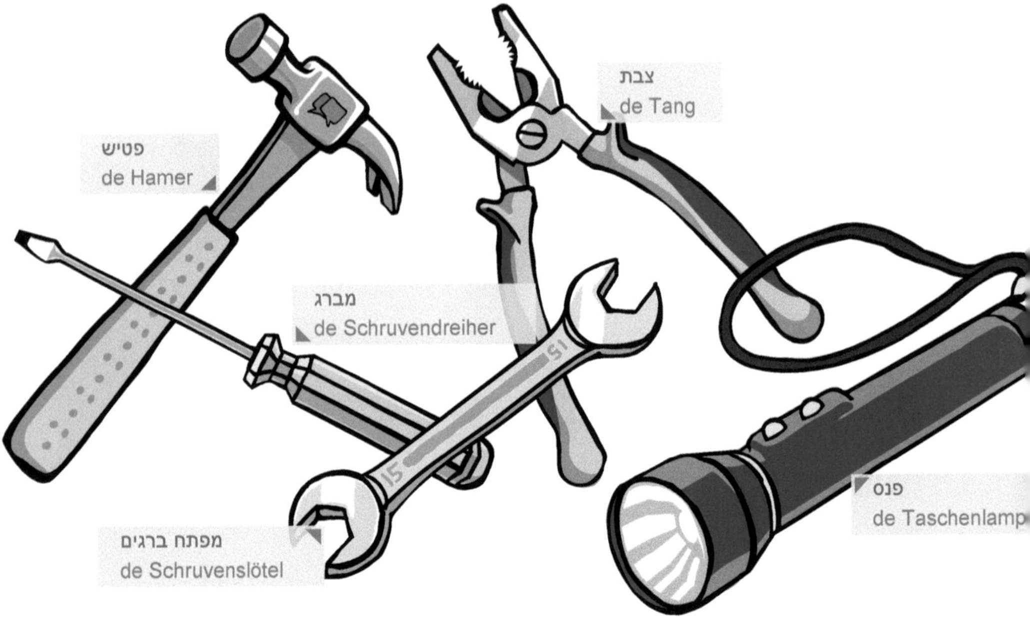
צבת
de Tang
פטיש
de Hamer
מברג
de Schruvendreiher
פנס
de Taschenlamp
מפתח ברגים
de Schruvenslötel

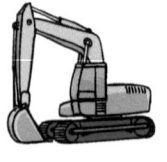

דחפור

de Grieper

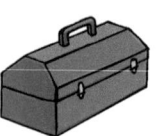

ארגז כלים

de Warktüüchkassen

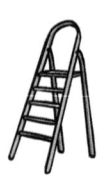

סולם

de Ledder

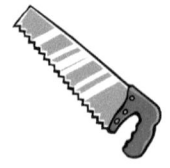

מסור

de Saag

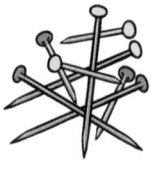

מסמרים

de Nagels

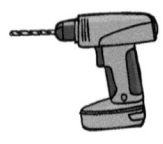

מקדחה

de Bohrer

תיקון

heelmaken

את חפירה

de Schüffel

לעזאזל!

Schiet!

יעה

dat Kehrblick

פח צבע

de Farvpott

ברגים

de Schruven

כלי נגינה
de Musikinstrumenten

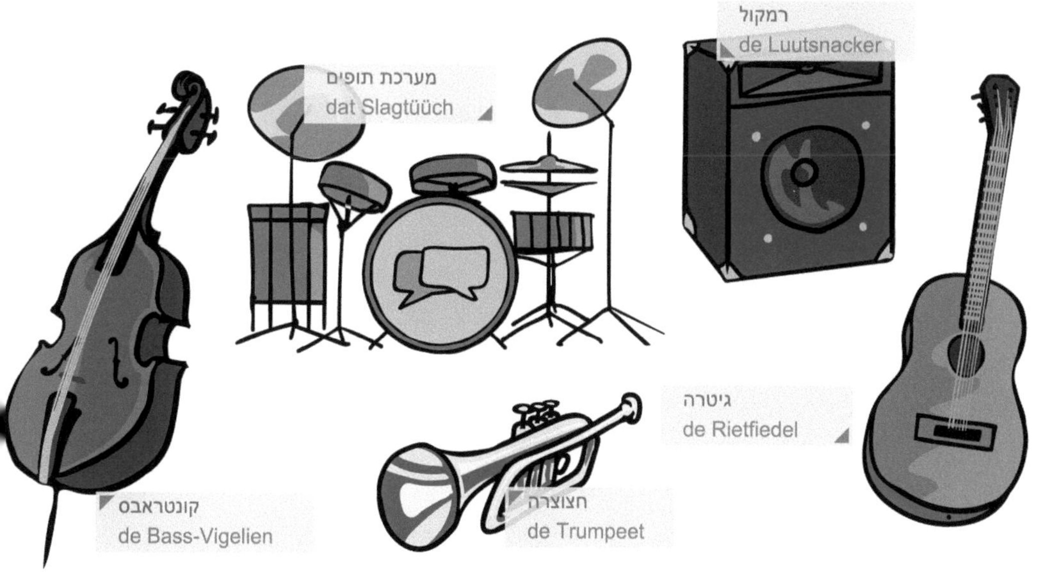

רמקול
de Luutsnacker

מערכת תופים
dat Slagtüüch

גיטרה
de Rietfiedel

קונטראבס
de Bass-Vigelien

חצוצרה
de Trumpeet

פסנתר

dat Klaveer

כינור

de Vigelien

בס

de Bass

תוף הדוד

de Pauk

תופים

de Trummeln

מקלדת פסנתר

dat Keyboard

סקסופון

dat Saxophon

חליל

de Fleut

מיקרופון

dat Mikrofoon

גן חיות
de Deertenpark

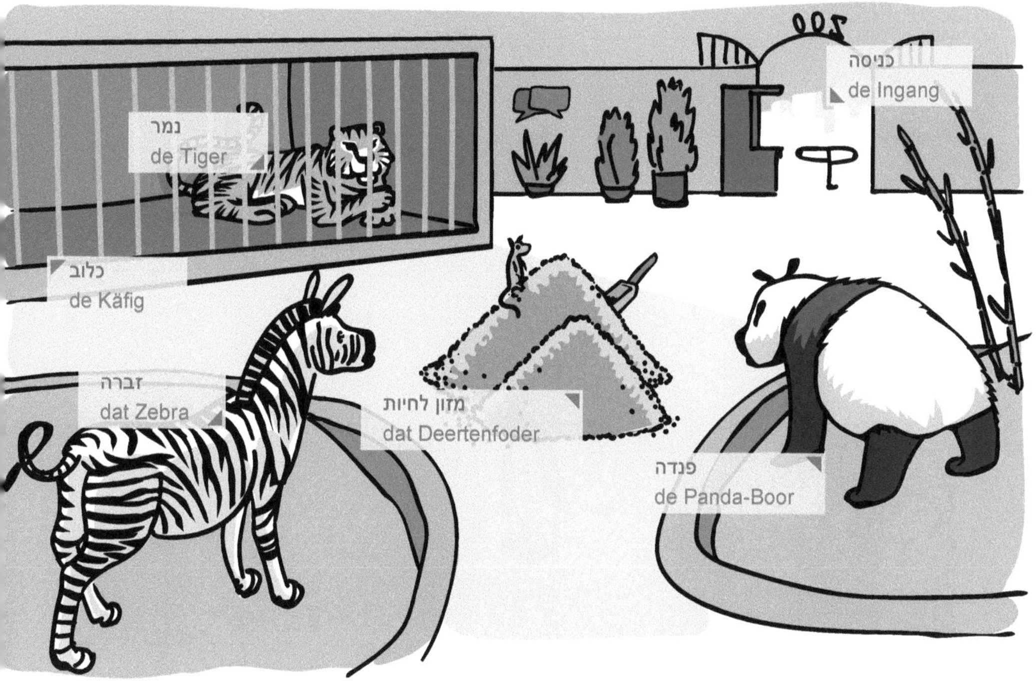

כניסה
de Ingang
נמר
de Tiger
כלוב
de Käfig
זברה
dat Zebra
מזון לחיות
dat Deertenfoder
פנדה
de Panda-Boor

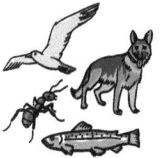

בעלי חיים
de Deerten

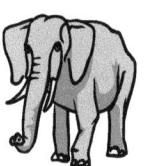

פיל
de Elefant

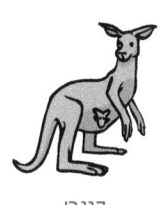

קנגרו
dat Känguru

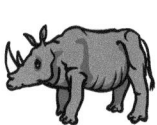

קרנף
dat Neeshoorn

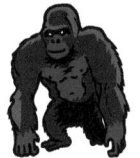

גורילה
de Gorilla

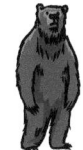

דוב
de Boor

גמל

dat Kameel

יען

de Struuß

אריה

de Lööv

קוף

de Aap

פלמינגו

de Flamingo

תוכי

de Papagoi

דוב הקרח

de Iesboor

פינגווין

de Pinguin

כריש

de Haifisch

טווס

de Pageluun

נחש

de Slang

תנין

dat Krokodil

שומר גן החיות

de Oppasser in'n
Deertenpark

כלב ים

de Saalhund

יגואר

de Jaguor

סוס פוני

dat Pony

לאופרד

de Leopard

היפופוטאם

dat Nilpeerd

ג'ירפה

de Giraff

נשר

de Aadler

חזיר בר

dat Wildswien

דג

de Fisch

צב

de Schildkrööt

סוס ים

dat Walross

שועל

de Voss

איילה

de Gazell

פוטבול אמריקאי
de Amerikaansch Football

רכיבת אופניים
dat Radfohren

טניס
dat Tennis

כדורסל
de Korfball

שחיה
dat Swümmen

אגרוף
dat Boxen

הוקי
dat Ieshockey

כדורגל
de Football

בדמינטון
dat Fedderball

אתלטיקה
de Leichtathletik

כדור-יד
de Handball

עשה סקי
dat Skilopen

פולו
dat Polo

צחק
lachen

קפץ
springen

חיבק
ümarmen

הלך
gahn

שר
singen

חלם
drömen

התפלל
beden

נשק
snuteln

כתב
schrieven

צייר
teken

הראה
wiesen

דחף
drücken

נתן
geven

לקח
nehmen

יש / להיות הבעלים

hebben

עשה

doon

היה

sien

עמד

stahn

רץ

lopen

משך

trecken

זרק

smieten

נפל

fallen

שכב

liggen

חיכה

töven

סחב

dregen

ישב

sitten

התלבש

antrecken

ישן

slapen

התעורר

opwaken

הסתכל ב-

ankieken

בכה

wenen

ליטף

eien

סירק

kämmen

דיבר

snacken

הבין

verstahn

שאל

fragen

שמע

hören

שתה

drinken

אכל

eten

סידר

oprümen

אהב

leefhebben

בישל

kaken

נהג

fohren

עף

flegen

שט

segeln

חישב

reken

קרא

lesen

למד

lehren

עבד

arbeiden

התחתן

de Plünnen tohoopsmieten

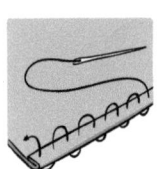

תפר

neihen

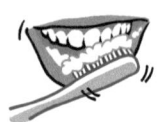

ציחצח שיניים

Tähnen putzen

הרג

dootmaken

עישן

smöken

שלח

schicken

משפחה
de Familje

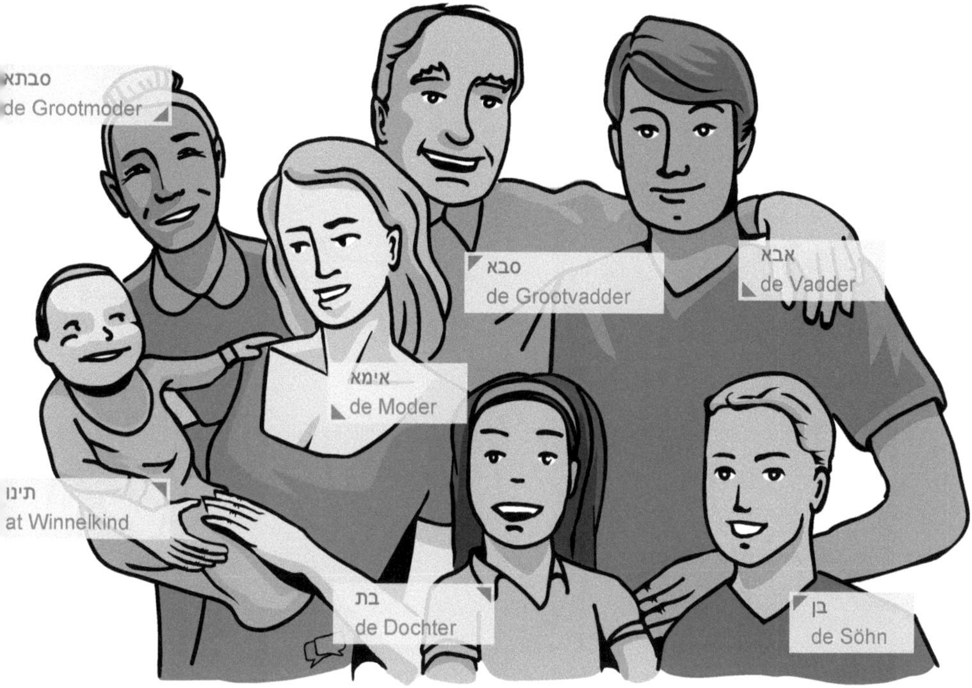

סבתא
de Grootmoder
סבא
de Grootvadder
אבא
de Vadder
אימא
de Moder
תינו
at Winnelkind
בת
de Dochter
בן
de Söhn

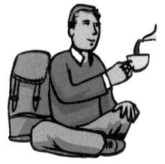

אורח
de Gast

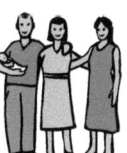

דודה
de Tant

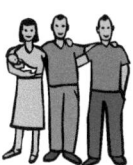

דוד
de Unkel

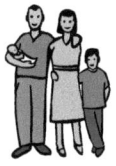

אח
de Broder

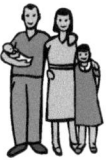

אחות
de Süster

גוף
de Lief

מצח
de Vörkopp
עין
dat Oog
כתף
de Schuller
אצבע
de Finger
פנים
dat Gesicht
סנטר
dat Kinn
כף יד
de Hand
רגל
dat Been
חזה
de Bost
זרוע
de Arm

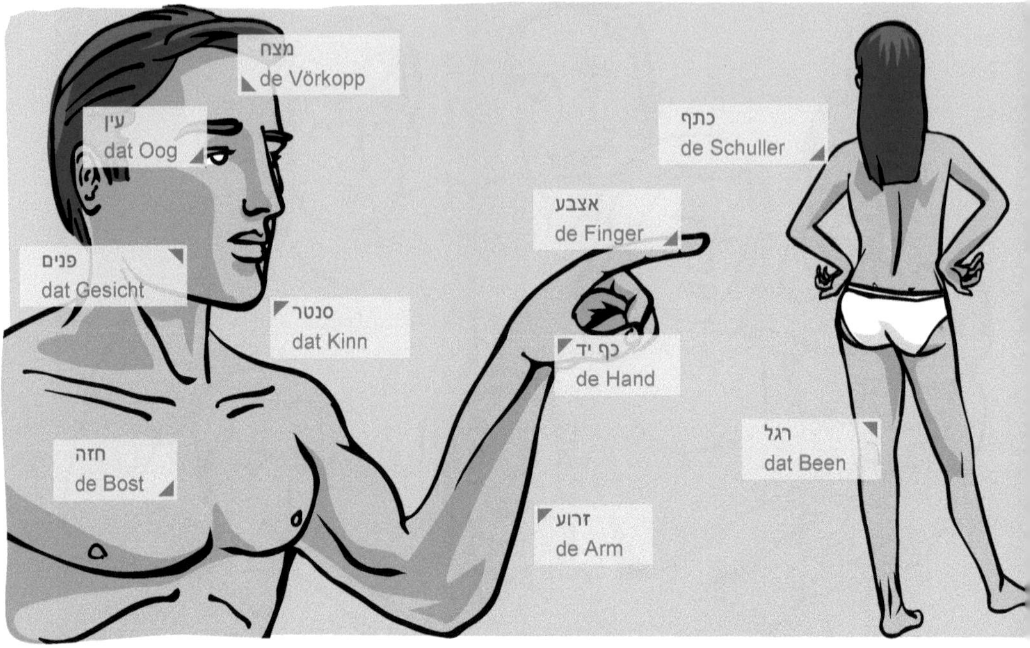

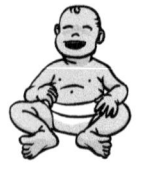

תינוק
dat Winnelkind

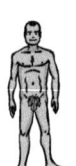

איש
de Mann

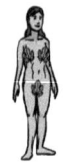

אישה
de Fro

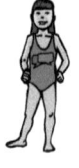

ילדה
de Deern

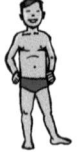

ילד
de Jung

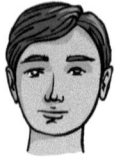

ראש
de Arm

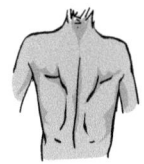

גב

de Rüch

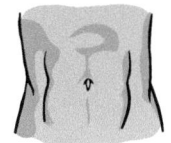

בטן

de Buuk

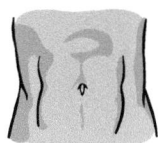

טבור

de Navel

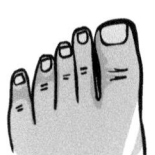

אצבע

de Teh

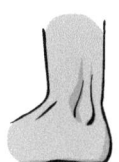

עקב

de Hack

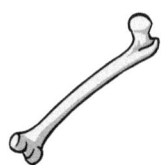

עצם

de Knaken

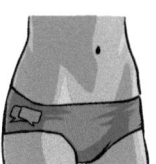

ירך

de Hüft

ברך

dat Knee

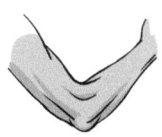

מרפק

de Ellbagen

אף

de Nees

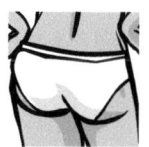

עכוז

de Achtersen

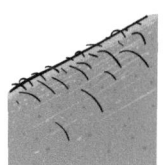

עור

de Huut

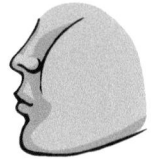

לחי

de Back

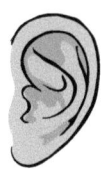

אוזן

dat Ohr

שפתיים

de Lipp

פה

de Mund

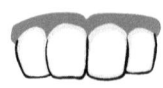

שן

de Tähn

לשון

de Tung

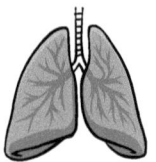

מוח

de Bregen

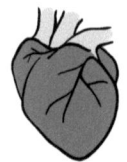

לב

dat Hart

שריר

de Muskel

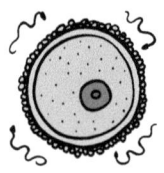

ריאה

de Lung

כבד

de Lever

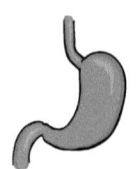

קיבה

de Maag

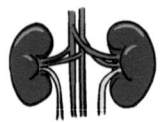

כליות

de Neren

מין

de Bislaap

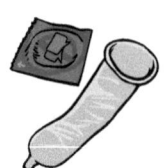

קונדום

dat Kondoom

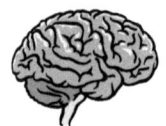

ביצית

de Eizell

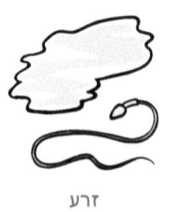

זרע

dat Sperma

הריון

de Anner Ümstänn

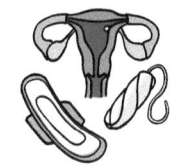

וסת

de Menstruatschoon

נרתיק

de Scheed

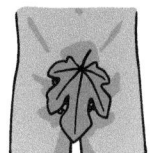

פין

de Pint

גבה

de Ogenbroe

שיער

dat Hoor

צוואר

de Hals

בית חולים
dat Krankenhuus

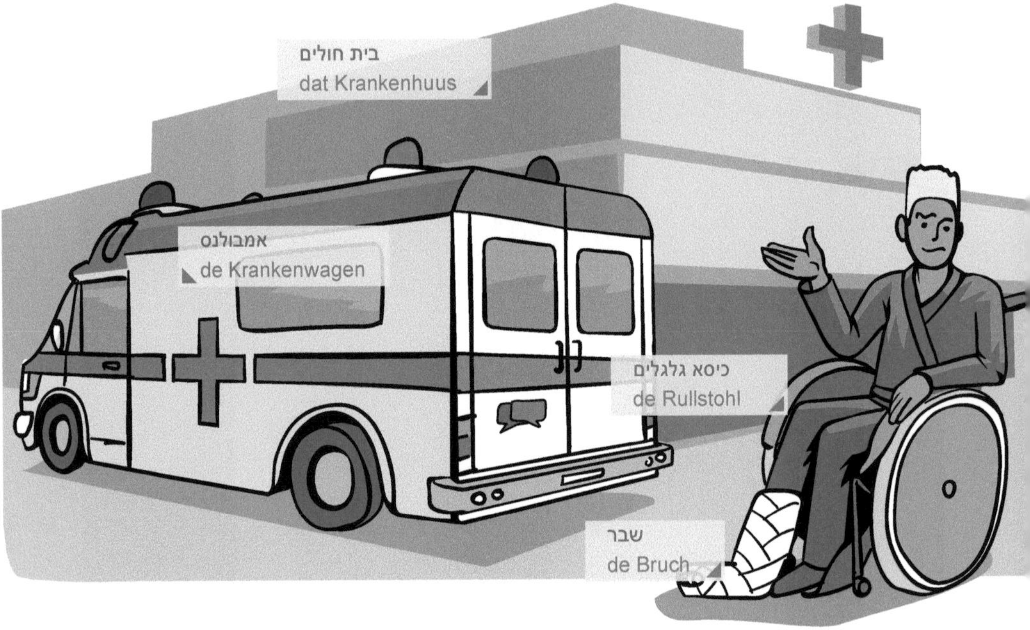

בית חולים
dat Krankenhuus
אמבולנס
de Krankenwagen
כיסא גלגלים
de Rullstohl
שבר
de Bruch

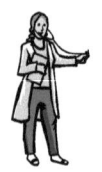

רופא
de Dokter

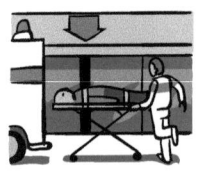

חדר מיון
de Nootopnahm

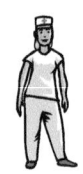

אחות
de Krankensüster

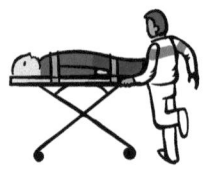

חירום
de Nootfall

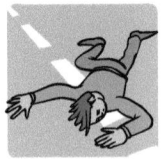

חסר הכרה
ahnmächtig

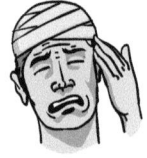

כאב
de Wehdaag

פציעה

de Verwunnen

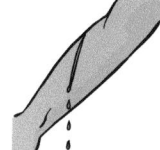

דימום

de Blöden

התקף לב

de Hartinfarkt

שבץ

de Slaganfall

אלרגיה

de Allergie

שיעול

de Hoosten

חום

dat Fever

שפעת

de Gripp

שלשול

de Dörchfall

כאב ראש

de Koppwehdaag

סרטן

de Kreeft

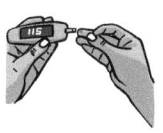

סוכרת

de Zuckersüük

מנתח

de Chirurg

אזמל

dat Chirurgsch Mess

ניתוח

de Operatschoon

סי-טי

dat CT

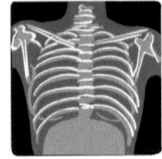

רנטגן

de Dörchlüchten

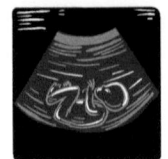

אולטרסאונד

de Ultraschall

מסיכת פנים

de Mask

מחלה

de Krankheit

חדר המתנה

de Töövruum

קבה

de Krück

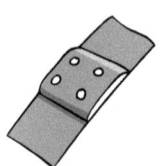

פלסטר

dat Plaaster

תחבושת

de Verband

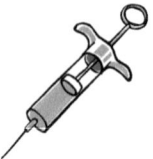

זריקה

de Insprütten

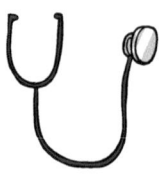

סטטוסקופ

dat Stethoskop

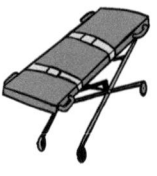

אלונקה

de Draag

מד חום

dat Feverthermometer

לידה

de Geboort

עודף משקל

dat Övergewicht

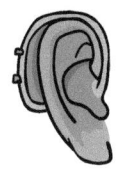

מכשיר שמיעה

de Höörapparat

מחטא

dat Kiemfriemiddel

זיהום

de Ansteken

נגיף

de Virus

איידס

dat HIV / AIDS

תרופה

dat Heelmiddel

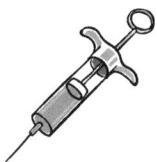

חיסון

de Impen

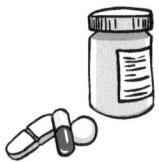

טבליות

de Tabletten

גלולה

de Pill

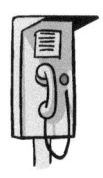

קריאת חירום

de Nootroop

מד לחץ דם

de Blootdruck-Meter

חולה / בריא

krank / gesund

הצילו!
Hölp!

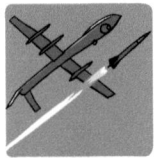

אזעקה
de Alarm

פשיטה
de Överfall

תקיפה
de Angreep

סכנה
de Gefohr

יציאת חירום
de Nootutgang

אש!
dat Füer!

מטף כיבוי
de Füerlöscher

תאונה
de Unfall

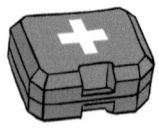

ערכת עזרה ראשונה
de Noothölpkoffer

הצילו!
SOS

משטרה
de Polizei

אירופה

Europa

צפון אמריקה

Noordamerika

דרום אמריקה

Süüdamerika

אפריקה

Afrika

אסיה

Asien

אוסטרליה

Australien

האוקיינוס האטלנטי

de Atlantik

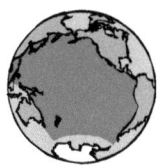

האוקיינוס השקט

de Pazifik

האוקיינוס ההודי

dat Indisch Weltmeer

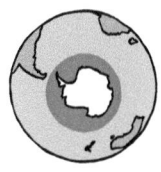

האוקיינוס האנטרקטי

dat Antarktisch Weltmeer

האוקיינוס הארקטי

dat Arktisch Weltmeer

הקוטב הצפוני

de Noordpol

הקוטב הדרומי

de Süüdpol

אנטארקטיקה

de Antarktis

כדור הארץ

de Eerd

אדמה

dat Land

ים

de See

אי

dat Eiland

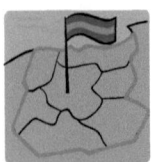

לאום

de Natschoon

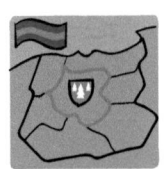

מדינה

de Staat

פני השעון

dat Tallenblatt

מחוג השעות

de Stunnenwieser

מחוג הדקות

de Minutenwieser

מחוג השניות

de Sekunnenwieser

מה השעה?

Wo laat is dat?

יום

de Dag

זמן

de Tiet

עכשיו

nu

שעון דיגיטלי

de digetaalsch Klock

דקה

de Minuut

שעה

de Stunn

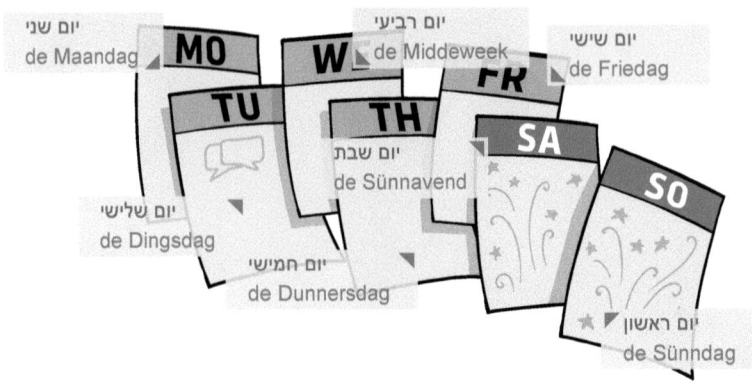

יום שני
de Maandag

יום רביעי
de Middeweek

יום שישי
de Friedag

יום שלישי
de Dingsdag

יום שבת
de Sünnavend

יום חמישי
de Dunnersdag

יום ראשון
de Sünndag

אתמול
güstern

היום
hüüt

מחר
morgen

בוקר
de Morgen

צהריים
de Meddag

ערב
de Avend

ימי עבודה
de Arbeitsdaag

סוף שבוע
dat Wekenenn

שנה
dat Johr

גשם
de Regen
קשת בענן
de Regenbagen
שלג
de Snee
רוח
de Wind
אביב
dat Fröhjohr
סתיו
de Harvst
קיץ
de Sommer
חורף
de Winter

4.APRIL 11°
5.APRIL 4°
6.APRIL 13°
7.APRIL 8°
8.APRIL 10°

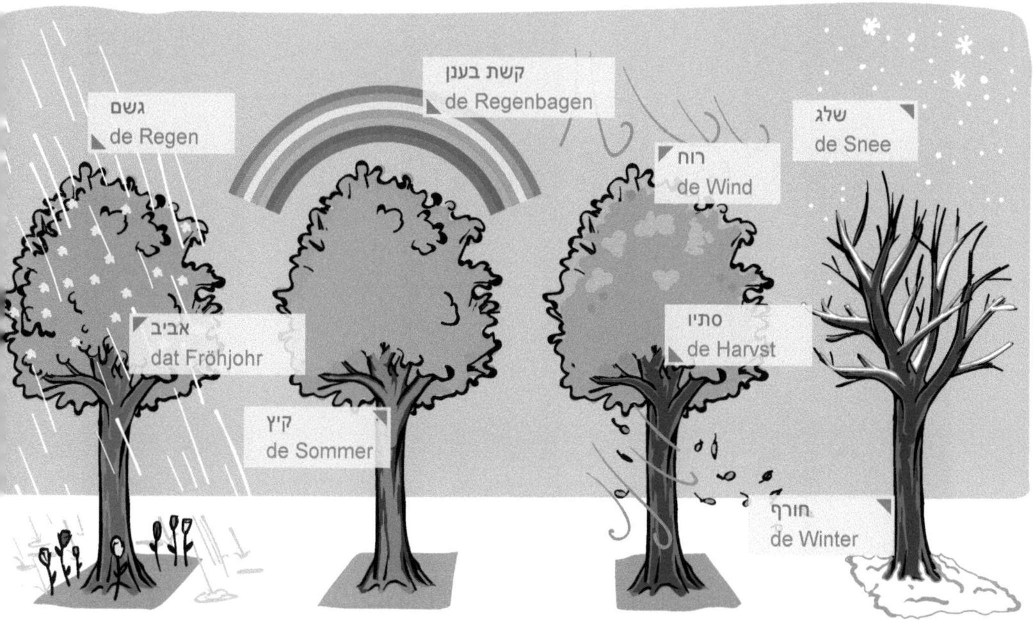

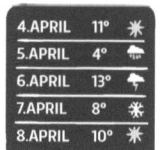

תחזית מזג האוויר
....
de Wedervörhersaag

F C
120 40
90 30
60 20
30 10
0 0
-30 -10
-20

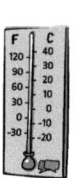

מד חום
....
dat Thermometer

אור שמש
....
de Sünnenschien

ענן
....
de Wulk

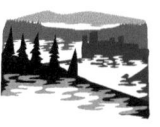

ערפל
....
de Nevel

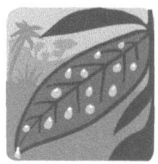

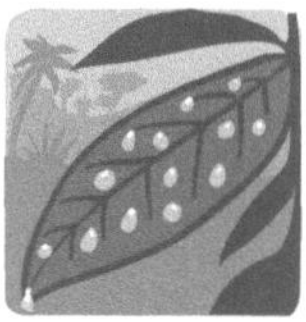

לחות
....
de Luftfuchtigkeit

ברק
....
de Blitz

רעם
....
de Dunner

סערה
....
de Storm

ברד
....
de Hagel

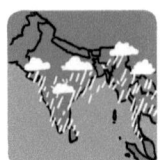

רוח עונתי
....
de Monsun

שיטפון
....
de Floot

קרח
....
dat Ies

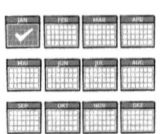

ינואר
....
de Januormaand

פברואר
....
de Februormaand

מרץ
....
de Martmaand

אפריל
....
de Aprilmaand

מאי
....
de Maimaand

יוני
....
de Junimaand

יולי
....
de Julimaand

אוגוסט
....
de Augustmaand

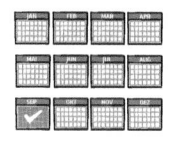

ספטמבר

de Septembermaand

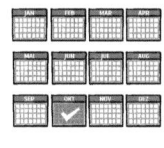

אוקטובר

de Oktobermaand

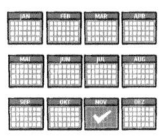

נובמבר

de Novembermaand

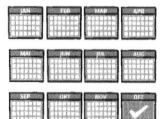

דצמבר

de Dezembermaand

צורות
de Formen

עיגול

de Krink

מרובע

dat Quadrat

מלבן

dat Rechteck

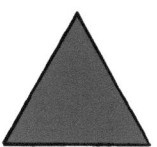

משולש

dat Dreeeck

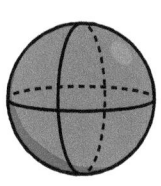

כדור

de Kugel

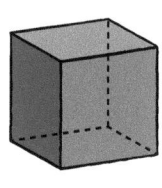

קוביה

de Wörpel

לבן

witt

צהוב

geel

כתום

orangsch

ורוד

pink

אדום

root

סגול

lila

כחול

blau

ירוק

gröön

חום

bruun

אפור

gries

שחור

swart

הרבה / מעט

veel / wenig

כועס / רגוע

böös / verdreeglich

יפה / מכוער

smuck / mies

התחלה / סוף

de Begünn / dat Enn

גדול / קטן

groot / lütt

בהיר / כהה

hell / düüster

אח / אחות

de Broder / de Süster

נקי / מלוכלך

schier / schietig

שלם / חלקי

kumpleet / nich kumpleet

יום /לילה

de Dag / de Nacht

מת / חי

doot / lebennig

רחב / צר

breet / small

אכיל / לא אכיל

geneetbor / nich geneetbor

רשע / טוב לב

böös / fründlich

מתרגש / משועמם

fickerig / langwielt

שמן / רזה

dick / dünn

ראשון / אחרון

toeerst / toletzt

חבר / אויב

de Fründ / de Fiend

מלא / ריק

vull / leddig

קשה / רך

hart / week

כבד / קל

swoor / licht

רעב / צמא

de Smacht / de Döst

חולה / בריא

krank / gesund

בלתי-חוקי / חוקי

nich na't Recht / na't Recht

נבון / טיפש

klook / dummerhaftig

שמאל / ימין

linkerhand / rechterhand

קרוב / רחוק

neeg / feern

חדש / משומש

nieg / bruukt

כלום / משהו

nix / wat

זקן / צעיר

oolt / jung

פעיל / כבוי

an / ut

פתוח / סגור

apen / slaten

שקט / רועש

lies / luut

עשיר / עני

riek / arm

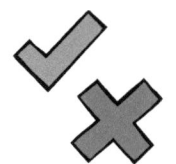

נכון / שגוי

richtig / verkehrt

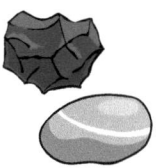

מחוספס / חלק

ruug / glatt

עצוב / שמח

trurig / glücklich

קצר / ארוך

kort / lang

איטי / מהיר

suutje / flink

רטוב / יבש

natt / dröög

חם / קר

warm / köhl

מלחמה / שלום

de Krieg / de Freeden

0

אפס

null

1

אחת

een

2

שתיים

twee

3

שלוש

dree

4

ארבע

veer

5

חמש

fief

6

שש

söss

7

שבע

söven

8

שמונה

acht

9

תשע

negen

10

עשר

teihn

11

אחת-עשרה

ölven

12
שתים-עשרה
twölf

13
שלוש-עשרה
dörteihn

14
ארבע-עשרה
veerteihn

15
חמש-עשרה
föffteihn

16
שש-עשרה
sössteihn

17
שבע-עשרה
söventeihn

18
שמונה-עשרה
achtteihn

19
תשע-עשרה
negenteihn

20
עשרים
twintig

100
מאה
hunnert

1.000
אלף
dusend

1.000.000
מיליון
million

אנגלית

dat Engelsch

אנגלית אמריקאית

dat Amerikaansch Engelsch

סינית מנדרינית

dat Chineesch Mandarin

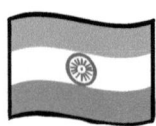

הודית

dat Hindi

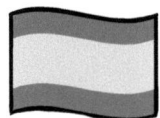

ספרדית

dat Spaansch

צרפתית

dat Franzöösch

ערבית

dat Araabsch

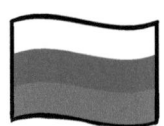

רוסית

dat Rusch

פורטוגזית

dat Portugiesch

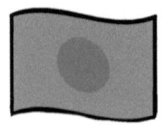

בנגלית

dat Bengaalsch

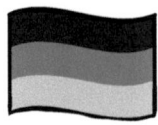

גרמנית

dat Düütsch

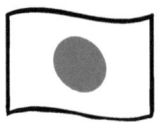

יפנית

dat Japaansch

אני
ik

אתה / את
du

הוא / היא / זה
he / se / dat

אנחנו
wi

אתם
ji

הם
se

מי?
keen?

מה?
wat?

איך?
woans?

איפה?
woneem?

מתי?
wannehr?

שם
de Naam

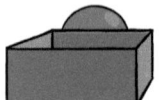

מאחור
....
achter

בתוך
....
in

לפני
....
vör

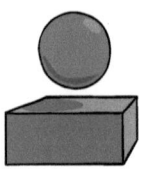

מעל
....
över

על
....
op

מתחת
....
ünner

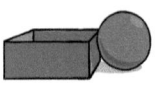

ליד
....
blangen

בין
....
twüschen

מקום
....
de Oort